잠이 오지 않는 밤엔
잠자던 생각들이 온다

잠이 오지 않는 밤엔
잠자던 생각들이 온다

펴낸날 초판 1쇄 2025년 4월 5일

지은이 김선화
펴낸이 서용순
펴낸곳 이지출판

출판등록 1997년 9월 10일
등록번호 제300-2005-156호
주소 03131 서울시 종로구 율곡로6길 36 월드오피스텔 903호
대표전화 02-743-7661 **팩스** 02-743-7621
이메일 easy7661@naver.com
인쇄 ICAN
물류 (주)비앤북스

ⓒ 2025 김선화

값 13,000원

ISBN 979-11-5555-247-6 03810

※ 잘못 만들어진 책은 교환해 드립니다.

잠이 오지 않는 밤엔
잠자던 생각들이 온다

김선화 시집

이지출판

● 추천의 글_ **김두영** 삼청감리교회 담임목사

  시집을 펼치는 순간, 독자는 깊은 영혼의 울림을 경험하게 됩니다. 단순한 언어의 조합이 아니라, 삶의 순간들을 감성적으로 포착하고 이를 아름다운 시어로 빚어내는 능력이 돋보입니다. 이 시집은 단순히 글을 읽는 것이 아니라, 한 편 한 편을 따라가다 보면 마치 권사님의 마음속을 거닐고 있는 듯한 느낌을 줍니다.

  김선화 권사님은 삼청감리교회의 든든한 기둥이시며, 교회 도서관 '꿈과 쉼'의 관장으로서 문학을 사랑하고, 또 그 사랑을 많은 이들과 나누는 분입니다. 그래서인지 권사님의 시에는 삶의 기쁨과 슬픔, 사랑과 그리움이 진솔하게 녹아 있습니다.

  『잠이 오지 않는 밤엔 잠자던 생각들이 온다』라는 시집 제목처럼, 권사님의 글은 우리 내면 깊숙이 자리 잡고 있지만 일상에 묻혀 잠들어 있던 감정들을 하나씩 일깨웁니다. 따뜻하면서도 묵직한 여운을 남기며, 우리 기억

저편에 있던 사랑과 감사의 순간들을 다시금 떠올리게 합니다. 특히 시에서 발견할 수 있는 '그리움'의 정서는 단순한 상실이 아니라, 그 안에서 다시 피어나는 희망과 사랑을 이야기합니다. 그리고 은연중에 신앙이 녹아든 시편들은 우리에게 위로와 평안을 전해 줍니다.

이 시집을 읽으며 우리는 각자의 삶을 되돌아보고, 더 깊은 감사를 품게 될 것입니다. 작가의 첫 시집이기에 더욱 값지고, 앞으로도 권사님의 시가 많은 이들에게 위로와 기쁨을 전할 것이라 확신합니다. 김선화 권사님의 시집 출간을 진심으로 축하드리며, 이 귀한 시편들이 많은 독자들의 마음에 잔잔한 울림을 주기를 기도합니다.

2025년 陽春

● **추천의 글_ 김민섭** 국민대학교 법과대학 교수

  30여 년 전 이제는 작고하신 스승님의 연구실에서 김선화 선배님을 처음 뵌 날을 아직도 기억한다. 갓 법학박사 학위를 받으시고 후배들의 대학원 수업을 참관하러 오신 날이었다. 법학박사답게 냉철하고 이지적인 모습이었으나 후배들에게 건네신 따뜻한 미소와 말씀은 지금도 생생하다.

  선배님은 법학자로서 늘 이성적이고 치밀한 논리로 무장하고 계신 줄 알았는데, 언제 이런 감성적인 시를 쓰셨는지 실로 감탄스러울 따름이다. 아름다운 마음과 언어들을 논리와 법리 뒤에 감추어 두고 계셨다니 표리부동의 극치라고 해야 할까. 아마도 법학의 궁극적인 지향점인 정의와 사랑 그리고 인간이라는 관념이 선배님의 마음을 정화시키고 내면에 오랫동안 쌓아왔던 시적 언어들을 쏟아내게 한 것이 아닌가 싶다.

시집 『잠이 오지 않는 밤엔 잠자던 생각들이 온다』에는 온통 그리움과 사랑으로 가득 차 있다. 그 대상은 사랑하는 이도 있고 부모님도 있고 절대자도 있으며 자연도 있다. 하지만 대상이 누구든 시집을 일관되게 관통하는 것은 아련한 추억이다. 시를 읽는 내게도 잊힌 줄 알았던 옛 생각과 순간들이 되살아나 마치 그 시절에 내가 즐겨 듣던, 그러나 잊고 지냈던 애절한 발라드곡을 듣고 있는 듯하였고, 그리움과 사랑 그리고 낭만의 감정들은 나를 40년 전 학창시절로 되돌아가게 했다.

선배님의 시집 출간을 진심으로 축하드리며, 시인으로서 새로운 걸음을 내딛게 된 선배님의 앞날을 축원해 본다. 지금까지는 법학자로서 선배님을 뵈었다면, 앞으로는 활발한 시작 활동으로 도약하는 시인 김선화님으로 더 많이 만나뵙기를 희망해 본다.

2025년 봄

● **추천의 글**_ **유지희** 시인

  인생은 아름답다. 특히 봄은 더욱 그러하다. 아름다운 봄날에 김선화 님이 시집을 발간한다.
  2023년 1월에 처음 만나 지금까지 일주일에 한 번 시 수업 시간을 함께했다. 시 쓰기가 처음이라고 했지만 그동안 마음속에 잠재되어 있던 시들이 하나씩 꽃을 피워내듯 시로 피어났고, 한 권의 귀한 시집으로 세상에 나오게 되었다.

  시를 쓰며 시와 노는 일, 초록빛 신선함이며 푸른빛 열정이다. 아련한 옛 추억 속의 일들이 시가 되고, 여행지에서 느낀 감정과 발길 닿는 곳이 시가 되고, 더불어 살아가는 현재의 날들을 시로 표현하며 매순간 찰랑이는 그리움으로 노래하고 있다.

시집 『잠이 오지 않는 밤엔 잠자던 생각들이 온다』에 담긴 시어는 살아 숨 쉬며 춤춘다. 시심(詩心)이 충만한 시편들이 다양한 색채와 향기를 품으며 가슴 깊이 스며들고 있다. 시집에 담긴 시들이 날개를 달고 독자들에게 날아가 시의 향기를 전해 주고 시를 사랑하는 마음을 심어 주리라.

2025년 봄

● 시집을 내며

  일과 가족들로부터 자유로워진 시간, 시와 함께 놀았다. 과거가 내게 말을 걸어오고 잊혔던 사람들이 기억 속에서 되살아나 그들과 함께 웃고 뛰놀았던 행복한 시간이었다.

  시를 쓴다는 것은 사람과 자연에 관심을 갖고 그들을 사랑하는 일이며, 사물과 관계에 대해 생각하고 되짚어 보는 일이기도 하다. 또한 나와 가족 그리고 가까운 이들의 민모습을 드러내 보이며 가슴에 품고 있는 감성을 오롯이 내어놓아야 하는 부끄러운 작업이기도 하다.

  여러 대를 넘나들며 기억을 더듬어 본 삶의 이야기를 시로 써 보았다. 함께 해 주신 주님께 감사와 영광을 돌려드리며, 지금은 곁에 안 계신 부모님께 감사의 마음을, 그리고 가정의 울타리를 지키며 행복을 일궈 가는 세 딸 부부에게 고마움을, 특별히 영윤, 민정, 다솜, 나예, 테오, 서윤, 솔재에게 다함없는 나의 사랑을 전하고 싶다.

추천의 글로 힘을 실어 주신 삼청감리교회 김두영 담임목사님과 국민대학교 법과대학 김민섭 교수께 깊은 감사를 드린다. 또한 부끄러운 글이 한 권의 시집으로 세상에 얼굴 내밀 수 있게 도와주신 이지출판 서용순 대표님과 시(詩)세계에 발을 담그는 계기를 마련해 주고 시집 출간에 도움을 주신 유지희 시인께도 무한한 감사를 드린다.

2025년 봄
김선화

차례

추천의 글_ 김두영 담임목사 4   　추천의 글_ 김민섭 교수 6
추천의 글_ 유지희 시인 8   　시집을 내며 10

제1부 나는 당신 마음 알지 못해요

하루를 여닫는 기도	18
꽃눈 뜰 날	21
나는 당신 마음 알지 못해요	22
오월과 데이트	23
사랑은 허물어지기 쉬운 성	24
감정 없는 감정	25
별이 될 약속	26
진달래 피고 지니	27
꽃길만 걸으세요	28
4월을 맞잡고	29
앉은뱅이꽃	30
이기적인 사랑	31
나를 설레게 하는 사람	32
빛의 요일, 일요일	34
은혜	35
인생의 비밀	36
네가 없다면	38
마흔 즈음	39
국화꽃 베개	40
바람이 훔쳐간 마음	42

제2부 아침 숲에 내려앉은 고요

잎새는 철마다 화려했다	44
눈물 되어 떨어지는 오월	45
추억	46
눈으로 먹는 맛	47
아침 숲에 내려앉은 고요	48
인연의 꽃	49
삼청동 연가	50
들꽃 사랑	52
햇빛과 놀고 싶다	53
벚꽃차	54
사랑은 파도처럼 밀려왔다 밀려갔다	55
민달팽이의 외출	56
발가락	58
신기하고 알록달록한 세상	60
가을 숲길	61
가을앓이	62
달포마다 만나는 얼굴	63
꽃이 지듯 마음도 지네요	64
아버지의 취중가(醉中歌)	66
낙엽	68

제3부 귀로 듣는 세상은 더 아름다우리

세월에 묵은 얼굴	70
귀로 듣는 세상은 더 아름다우리	72
박제된 사랑	74
세월	76
그 바닷가에 가면 제비를 만날 수 있다	77
엄마 냄새	78
9월의 천지	80
바람, 바람	82
사막의 신기루	84
바람이여, 조종을 울려다오	86
반송된 약속	88
사랑은 카마리 해변의 검은 모래처럼	90
낡지 않는 추억	92
삼순이의 검은 눈	94
잠이 오지 않는 밤엔 잠자던 생각들이 온다	96
찬바람에 덴 흉터	98
망설여지는 때	100
땅 끝에 다다르면	101
발 헛딛는 기억	102

제4부 세월에 털린 자리 무엇으로 채워야 할까

땅꼬	104
미스 김 라일락	106
미얀마의 따르릉 청년	108
다시 그려 보는 고향 풍경화	110
밤의 향기는 낮의 꽃보다 아름답다	112
한여름에 듣는 울음소리	114
야래향	115
세월에 털린 자리 무엇으로 채워야 할까	116
도깨비불	118
오색잡채	120
아제의 지게	122
늙지 않는 첫사랑	124
행복은 위에 달렸다	126
비운 마음에 차는 것들	128
길어진 인중	130
새해에는 말해 보리라	131
옛사람의 기억상자	132
군밤	133
눈 위에 새겨보는 발자국	134

제1부

나는 당신 마음 알지 못해요

하루를 여닫는 기도

꽃눈 뜰 날

나는 당신 마음 알지 못해요

오월과 데이트

사랑은 허물어지기 쉬운 성

감정 없는 감정

별이 될 약속

진달래 피고 지니

꽃길만 걸으세요

4월을 맞잡고

앉은뱅이꽃

이기적인 사랑

나를 설레게 하는 사람

빛의 요일, 일요일

은혜

인생의 비밀

네가 없다면

마흔 즈음

국화꽃 베개

바람이 훔쳐간 마음

하루를 여닫는 기도

1.
당신이 예정하신 시간 속에서
빛나는 아침을 맞이하기 위해
새벽은 희망의 기지개를 켜고

새들은 재잘재잘
당신이 주실 하루를
즐거이 노래합니다

나뭇잎 흔드는 바람 속에서
들려오는 당신의 음성

사랑하라 기뻐하라
그 말씀, 거친 바다 저어 갈
든든한 노가 됩니다.

2.
어둠 털고 일어난 아침. 햇살
아이들 눈가 간질일 때
하늘 닮은 눈들이 꽃잎 되어 열립니다

사랑으로 차려진 식탁에
나팔꽃같이 피어나는 재잘거림
환희의 잔 되어 넘치고

가난해서 소중하고 작아서 아름다운 뜰에
당신의 은총 별빛처럼 쏟아집니다

황량한 들, 음침한 골짜기 지날지라도
언제나 진리 향한 목마름 갖게 하시고
어둠 사르고 희망의 심지 돋우는
사랑의 눈길 나누게 하시며

작아지고 낮아지는 겸손을
오늘도 연습하게 하소서.

3.
당신이 마감한 하루를 걸어 닫고
고단했던 날개 곱게 접어
어둠 저편에 올려놓습니다

하룻길 멀어 지치고 헤맬 때
잡아 주던 당신의 따스한 손길

온 마음으로 달렸던 순간 속에서
영원을 보는 마음 주시고
넘치는 은혜의 바다로 인도해 주신 당신

에워싼 어둠 속에서도 빛을 보게 하시고
천상의 평온함으로 잠재워 주소서.

꽃눈 뜰 날

봄 꽃눈 틔우기 위해
아기 햇살은 꽃 입술 간질여 보고
바람은 꽃가지 암상궂게 흔들어 봐도

눈꺼풀에 하늘 이고 있는 듯 꼭 감은 눈
햇볕 한 점 바람 한 줄 들이치지 못하네

꽃눈이 되어 버린 네 마음
두드리면 열릴까 흔들면 변할까

별 그늘 몇 번인가
새벽 길 스치고 나면

닫힌 꽃눈
눈썹 한껏 치켜 올리며
함박웃음 터트리리니

봄 햇살 거침없이 쏟아지는 날
네 마음도 내게로 와 활짝 핀 꽃이 되었으면.

나는 당신 마음 알지 못해요

당신은 말합니다
"어쩌면 내 마음 그렇게도 몰라?"
내가 당신 마음 어떻게 알 수 있을까요

나는 당신 마음 볼 수 있는 안경도
들을 수 있는 청진기도 없어요

당신은 말합니다
"내 마음 좀 알아줘야지!"
내가 당신 마음 어떻게 헤아릴 수 있을까요

나는 당신의 마음 깊이를 잴 자도
온도를 잴 수 있는 온도계도 없어요

말해 주세요, 내가 당신 마음 알 수 있게
안아 주세요, 내가 당신 마음 느낄 수 있게.

오월과 데이트

눈부신 햇살 등 떼미는 날
무작정 집을 나섰다

옥빛 단장한 오월이
고궁 한편에 해맑게 서 있다

어지럽던 꽃샘추위 떠난 자리
막바지 봄꽃 피워 내느라
고궁 화단은 분주하고
가지마다 짝 찾는 새들의 지저귐 요란하다

오월과 손잡고 초록 길 걷노라니
싱그러운 햇살 살가운 바람에
가슴 일렁였던 하루

나도 풋풋한 오월 향기 되어
네게 다가가고 싶다.

사랑은 허물어지기 쉬운 성

사랑이란
단단히 붙들지 않으면
꽃잎 스치는 잔바람에도 날아가고

후드득 옷깃에 떨어지는 작은 빗방울에도
허물어지기 쉬운 마음 터 위에

흐렸다 개었다 바람 불다 비 오는
사월의 어느 하루 날씨처럼
밴덕맞은 감정으로 쌓아올린 성

두 마음 단단히 묶어 매단 사랑의 열쇠인들
연인들 마음 영원히 변치 않게 붙들어 매는
마법의 고리될 수 있으랴

그대, 허물어진 성터 기웃거리지 말아요
무너진 성터엔 그대 흔적 없어요.

감정 없는 감정

참 많이도 슬펐다
참 많이도 설레었다

바람에 지는 꽃이 서러워 울었고
웃음 담긴 눈빛 하나에도
가슴엔 나비가 퍼덕였고
아픈 마음 껴안고 몇 밤을 앓기도 했다

감정이 나이를 먹은 탓인가
세월의 파도에 씻겨 무뎌진 탓인가
기쁨도 별것 아닌 듯 시큰둥하고
슬픔도 그게 인생이려니 하며
마음 두려하지 않는다

감정 없이 부르는 무심한 노래
아무의 마음 흔들 수 없을지라도
내 안에 흐르는 그지없는 고요함과 평안함이여.

별이 될 약속

네 모습 내 눈에 담고
요단강 건넌 후에는

네 모습 궁금하여 밤마다 마실 나와
오가는 네 발길 밝혀 주는 별이 되리라

어느 깊은 밤엔 별무더기 한 짐 지고
너의 창가로 내려 와서 고른 숨결 들으며
네 꿈길에 별 융단 깔리라

험한 세상길 걷다 지칠 때
삶의 서늘함이 네 가슴에 스며들 때
누굴 향한 그리움 파도 되어 밀려올 때

문득 올려다본 밤하늘
유난한 빛으로 네게 눈 맞추는 별을 보거든

어느 초여름 저녁 옥상에 올라
잠 깨어 하나둘 얼굴 내미는 별들 함께 세며
내가 네게 했던 약속 기억하렴

'내 사랑, 나는 항상 네 곁에 있단다.'

진달래 피고 지니

기다려도 오지 않더니
붙잡으려니 떠나려 한다

그리 쉬이 떠날 길이라면 오지나 말지
그대 남기고 간 흔적 어찌 혼자 지울까

그리 쉬이 꺼질 정염이라면 태우지나 말지
타나 남은 불씨 어찌 혼자 태울까

그대 눈부심에 눈멀고
순간 사랑에 빼앗긴 마음 혼자 어찌할까

뒷산 진달래꽃 필 땐 그리도 붉더니
희미한 분홍으로 시들어 가네.

꽃길만 걸으세요

꽃길만 걸으세요
아름다운 축복의 말
축원 담뿍 담아 당신에게 건네본다

꽃길엔
등짐 가득 달콤한 일상 실어 나르는
꿀벌 윙윙거리고
농농한 꽃향기에 취한 나비들의
춤사위로 기쁨 넘실대며
형형색색 피고 지는 꽃들 사이로
걱정 근심 깃들 수 없는 평화로운 곳

그런 꽃길 걸으세요

벌나비 넘노니는 화려동산 아니었어도
먼지 이는 바람꽃 속에서 꿈을 키우고
후두둑 떨어지는 비꽃 맞으며 익어가던 청춘
천산에 송이송이 피어나는 추위 매단
눈꽃 속에서 사랑 한껏 피워 냈으니

걸어온 나의 길도 굽이굽이 꽃길이었네.

4월을 맞잡고

4월이 가면
가슴에 품은 그리움마저 없어질까 봐
마음 맞잡고 바람 치듯 잡은 약속

한걸음에 달려온 눈빛 서로 껴안고
우리는 4월의 꽃처럼 웃었다

그녀는 숟가락 듬뿍 웃음 담아 먹고
나는 한입 가득 기쁨 담아 먹으면서

나누면 나눌수록 쌓이고
주면 줄수록 깊어지는
셈이 맞지 않는 정(情)의 공식을
우리는 수다로 풀었다

밖엔 꽃으로 피었다 바람으로 떠나는
4월의 미련을 봄비가 씻어 내고 있었다.

앉은뱅이꽃

발돋움하고 발돋움해도
하늘은 아스라해

키 키워 볼까 뜀뛰어 봐도
날바닥 제자리뜀 앉은뱅이 키

햇살 동아줄 삼아 올라타 보고
꽃 망대 길게 늘려 나뭇가지에 세워 봐도
하늘은 멀고 까마득해

돌 틈에 옹크리고 앉아
가시 돋친 봄바람
희망으로 안아보는 민들레

꽃자리 거두고
홀씨 홀홀 날리며 허공
주류할 날 오리니

밤이슬 젖으며
밤마다 별을 따 꿈을 엮는
앉은뱅이꽃, 노란 민들레.

이기적인 사랑

내가 그대를 사랑한 만큼
그대도 나를 사랑했으면

시소처럼 기울어진 사랑 삐거덕거리고
채워지지 않는 사랑에 목마른 마음은
저미는 외로움으로 앓을 테니까

그대 마음 나를 떠날 때
내 마음도 그대를 떠났으면

이별 준비 안 된 마음
떠나는 마음 붙들지 못해 가슴앓이 하고
놓지 못한 미련에 쓸린 마음은 상처로 남을 테니까

내 그리움의 양만큼
그대도 나를 그리워했으면

먼 훗날 우연히 마주친 얼굴
커피 잔에 웃음 담아 마실 수 있을 테니까.

나를 설레게 하는 사람

숲속 흐르는 시냇물처럼
청아한 영혼 있어
그를 볼 때마다
탁한 마음 맑아지게 하는 사람

잔설 녹이는 봄 햇살처럼
따스한 마음 있어
그를 볼 때마다
옹이 진 마음 풀어지게 하는 사람

더러움 다 쓸어안고 내려가는 강물처럼
숭굴숭굴 너그러운 마음 있어
그를 볼 때마다
평수 좁은 마음 허물어지게 하는 사람

바람 잔 호수처럼 고요한 마음 있어
그를 볼 때마다
성마른 마음 너누룩하게 하는 사람

네가 바로 그런 사람

너를 만날 생각에
오늘도 내 마음 설렌다.

빛의 요일, 일요일

일요일은 빨강, 월요일은 주황
화요일은 노랑, 토요일은 보라

일곱 요일에 무지개 색깔 입히니
요모조모 치장한 여인네들 같다

오늘과 같지 않을 내일은
무슨 색으로 빛날까
설렘으로 가슴 뛰고

이날 저날 알로록달로록한
삶 속에는 기쁨이 널렸다

태초에 천지를 지으신 창조주
첫날에 빛 지으시고
일곱째 날을 복되게 하사
거룩하게 하시고 안식하셨다

어둔 세상에 빛으로 오신
예수 그리스도의 은총이
빛처럼 쏟아지는 일요일은 주님의 날.

은혜

바람이 불 때마다
나무는 흔들려도
하늘은 꽃을 피우고

바람이 불 때마다
파도는 부서져도
바다는 진주를 키우듯

바람이 불 때마다
넘어진 마음
일으켜 세우시고

바람이 불 때마다
흩어진 꿈 다시 주워
가슴에 담아 주신 손길

당신의 은혜.

인생의 비밀

때가 되면 알게 되지

상처 난 잎도 골진 곳의 나뭇잎도
가을 되면 곱게 물들 듯
아픔도 서러움도 석양 물들이는
꽃노을이 된다는 것을

때가 되면 알게 되지

비바람에 아파하던 나무도
가을 되면 결실 맺듯이
눈물도 고통도 마음 익게 하는
인생의 선물이었음을

때가 되면 알게 되지

화려하던 잎도 촐촐 메말라
바람에 흩어지는 낙엽 되듯
젊은 날의 화려했던 영화도
한낱 추억으로 남는다는 것을

때가 되면 알게 되지

잎 떨군 나뭇가지 사이로
햇빛과 바람 속살거리며 놀 듯
황혼의 여백에 지족(知足)과 여유로움이
자리하게 됨을.

네가 없다면

엘리베이터 문 앞에 붙은 '주의' 문구

기대지 마세요
만지지 마세요

대학 강의실 오르내리는 엘리베이터 문 앞에
누군가 덧붙인 낙서

(남자에게) 기대지 마세요
(여자를) 만지지 마세요

기대고 만지는 것은 사랑의 몸짓
기댈 어깨 내어 줄 네가 없고
사랑으로 만져 줄 네가 없다면
세상은 무슨 재미.

마흔 즈음

사월의 화려한 꽃이 아니어도 좋아라
오월의 싱그러운 연초록이 아니어도 좋아라

쩨쩨한 초여름 햇볕 아래 짙어가는 나뭇잎
무더위 견딜 힘 넉넉히 키우나니
유월 잎새 같은 마흔 즈음이 좋아라

시큼했던 감꽃 맛 추억이 되고
떫은 맛 덜어내고 깊은 맛 쟁여가는 단감처럼
옹골지게 영글어 가는 마흔 즈음이 좋아라

농익은 가을 향기에 입맞춤할 기쁨
찹찹히 쌓아보는 때

나이테의 노래와 시가
또 하나의 나이테가 되는
마흔 즈음이 좋아라.

국화꽃 베개

국화꽃 차를 마신다
노란 국화 꽃잎에 밴 그윽한 가을 향이
온몸에 스며든다

유리잔에 피어난 국화꽃 송이송이에
먼 옛날 아버지의 국화꽃 베개가 아른댄다

늦가을 서리 내리면
노란 국화꽃 말려 베개 만드셨던 아버지

베갯잇 뚫고 나올 것 같은 뾰족한 줄기
바슬거리는 촉감에 만지기도 성가시고
마른 가을 냄새와 국화 향의 낯설음만이
코를 찡긋하게 했던 국화꽃 베개

국화 향 즐기시려였을까
삶의 고뇌로 무거워진 머리 맑히시려였을까
베개에 담은 아버지의 가을바램 헤아릴 길 없지만

국화꽃 차를 마실 때마다
국화 향처럼 피어나는
국화꽃 베개의 기억은
아버지에 대한 진한 그리움이다.

바람이 훔쳐간 마음

어느 봄날 푸른 하늘 이고 있는
창가에 잠시 머물다
오지 않을 것처럼 떠나더니

어느 겨울 밤 깊어지는 어둠 흔들며
나를 깨우던 소리

보시시 만져 보고 싶고
꼬옥 안아 보고 싶은 마음

밟아 보지도 못한 네 그림자
아련한 그리움으로 타는데

천연스레 내 얼굴 어루만지며 스쳐가는 손길에
마음 붉어지는 가을 아침

마음 휘저어 놓고
저만큼 멀어져 가는 너는 바람.

제2부

아침 숲에 내려앉은 고요

잎새는 철마다 화려했다
눈물 되어 떨어지는 오월
추억
눈으로 먹는 맛
아침 숲에 내려앉은 고요
인연의 꽃
삼청동 연가
들꽃 사랑
햇빛과 놀고 싶다
벚꽃차
사랑은 파도처럼 밀려왔다 밀려갔다
민달팽이의 외출
발가락
신기하고 알록달록한 세상
가을 숲길
가을앓이
달포마다 만나는 얼굴
꽃이 지듯 마음도 지네요
아버지의 취중가(醉中歌)
낙엽

잎새는 철마다 화려했다

다보록이 피어나는 솜털 뽀송한 연둣빛 잎새
햇살 입어 은비늘처럼 얄랑이고
새들의 노랫소리 색채 향연에 흥을 돋우면
아가들은 아장아장 봄길 걷는다

더위 품은 여문 잎새는 성숙한 짙푸름
웃옷 젖힌 청년은 어깨에 푸른 꿈 걸쳤고
해변의 아가씨는 파도를 희롱한다

찬연한 가을 햇살 아래 들썩이는 단풍잔치
깊은 주름 매단 단풍객들의 얼굴에
희희낙락 피어나는 웃음꽃

한바탕 현란한 축제 끝난 자리
철마다 입어내던 화려함 벗어 놓고
추연한 갈바람 속 꽃상여 타고 떠나는 잎새

그 마지막 길에
끝없이 팔랑이는 만장 행렬.

눈물 되어 떨어지는 오월

손대면 쨍그렁 소리 내며
깨질 듯한 옥빛 하늘

밭이랑 넘실대며 춤추는 푸르름
숲 사잇길 사뿐대는 훈풍 한 자락 가슴에 담으니

연연히 피어나는 오월

파도처럼 일렁이는 봄 향기 위로
안개처럼 내려앉는 그리움 조각들

두 눈에 다 담을 수 없어
눈물 되어 떨어지는 오월의 눈부심이여

품안에 다 안을 수 없어
가슴 아르르 저며 오는 사랑이여.

추억

언덕 넘어 아지랑이
보리밭길 아른대면

소월님 가슴에 안고
눈물짓던 가랑머리

두견이 피울음에
진달래 속절없이 몇 번인가 지더니

황혼에 비낀 마음
강변에 앉아

오지 않는 임 그리워
못내 그리워

기다림 실은 추억의 배
띄워 보낸다.

눈으로 먹는 맛

노안이 찾아와 모양 각각의 돋보기 세 개를 장만했다
책상에 하나 식탁에 하나 외출 가방에 하나

"어머, 돋보기를 왜 쓰세요?"

주문한 음식이 나왔을 때 돋보기 꺼내 쓰는 것을
이상하다는 듯 바라보며 그녀가 말했다

"맛있게 먹으려구요."

음식은 입맛으로만 먹는 것이 아니라
눈 가득 생생한 생김새와 색깔 담아 먹을 때
더 맛있게 느껴지는 눈맛도 있다는 것을
노안이 와서야 알게 되었다

오감이 살아 춤출 때
음식 맛은 절정에 이른다니

오래된 칼처럼 감각 무뎌지면
느려지는 칼놀림처럼 입맛도 떨어지나 보다.

아침 숲에 내려앉은 고요

새벽 밟고 온 추위
안개처럼 내려앉은 숲

바람은 꿈꾸는 듯
나무엔 깊은 정적만

홀로 눈뜨기 외롭다는 듯 지저대던 새는
아직도 꽃잠에 빠진 듯 울음 기척 없다

켜켜이 쌓인 지난밤의 무거운 공기마저도
길게 누운 채 일어날 줄 모르는 겨울 아침 숲

생명은 고요 속에서 잉태되고 사멸하느니

묵언하는 아침 숲
가는 겨울을 애도하고
다가오는 봄에 대한 기쁨을
잠잠히 기도하는 시간인가 보다.

인연의 꽃

길 위에서 맺은 인연
하나둘 가슴속 뜰에 꽃으로 심었네

봄여름 호미 삽 들고
꽃 사치 부릴 때는
꽃 걸게 피더니

색바람* 뜰에 이는 가을 되니
몇 송이만 애잔히 흔들리네

시절마다 다투듯 피어나고
뽐내듯 오묘한 향기 풍기던
색색의 인연의 꽃들
정녕 아름다웠네

인연의 꽃밭에 철따라 꽃 만발할 때
나도 한 송이 꽃 되어 춤추었네.

* 색바람 : 이른 가을에 부는 선선한 바람.

삼청동 연가

어둠이 깔리면 골목은 적막해지고
한밤의 차도 위엔
내려앉은 고요만이 켜켜이 쌓였다

코발트빛 떨어지는 북쪽 하늘은
닮고 싶은 거울 같은 마음
청아한 스무 살 꿈이 그려지는 도화지였다

청와대 후문 도열하듯 늘어선 벚나무
분홍 미소 피워 낼 때면 벌나비 춤추고

삼청로 노란 은행잎 나비 떼처럼 흩어지는 늦가을이면
추기(秋氣)에 취한 어른도 아이들도 단풍 되어 놀았다

산과 물이 맑고 인심도 맑다 해서
그 이름 삼청동(三淸洞)
도회 속 문명이 잠자던 동네

구불구불 숲길 따라 걷던 연인들 발자국
낙엽처럼 쌓이던 고즈넉한 삼청공원
벤치 위 연인들 머문 자리에는

사랑하는 이와 데이트하면 결혼하게 된다는
속설이 이제 전설이 되어 앉았고

첩첩이 쌓여 지층이 된 사랑의 언어들은
봄날엔 꽃잎으로
가을날엔 단풍 되어 자리하고 있다.

들꽃 사랑

길가 돌 틈 사이로
빼꼼 얼굴 내민 키 작은 분홍꽃

은하수 별무리에서 떨어져 나온 듯
열브스름한 분홍 머금은 오종종한 얼굴

눈에 담고 또 담으니
환희로 차오르는 찰나의 사랑

한번 스치고 나면 그만인
바람에 날아갈 듯 가벼운 사랑

순간 마음 다 내주어도
아깝지도 축나지도 않는 사랑

어제 사랑 오늘 거두어도
아쉽지 않은 미련 없는 사랑

오늘도 눈길 스치며 지나가는
이름 모를 들꽃 같은 작은 사랑들.

햇빛과 놀고 싶다

아침 햇살 창문 두드리면
부스스한 얼굴로 입맞춤하고
눈부신 미소 집 안 가득 맞아들이리

창가에 화분 내어놓고
주물러 빤 손수건 탈탈 털어 빛 샤워시키고
햇빛 전등 아래서 못다 읽은 책 읽으리

키 늘려 방안 깊숙이 들어온 햇살
구석 먼지 털어 낼 때
빛살 길게 누운 소파에 쪼그리고 앉아
게으른 고양이처럼 햇볕바라기하리

검회색 커튼 겹겹이 드리운 날
구름자락 걷어 줄 한 조각 햇살이 그립다

햇빛과 놀고 싶다
온종일 놀고 싶다.

벚꽃차

꽃눈깨비 내리는 날
조용한 찻집에 앉아
바람에 날아온 듯
찻잔에 내려앉은 벚꽃 몇 송이
시처럼 음미해 본다

밍밍한 첫맛, 풋사랑 맛

씁쓸한 뒷맛, 끝사랑 맛

사랑은
한 송이 꽃으로 활짝 피었다
시들어 가는 벚꽃차

뜨겁게 입술 적시다
서서히 식어가는 한 잔의 벚꽃차.

사랑은 파도처럼 밀려왔다 밀려갔다

바닷물이 마를 때까지
사랑하겠노라던 말

큰 파도처럼 밀려왔다
모래톱 울리고 서서히 뒷걸음치는
파도처럼 사라져 갔다

한 줌 마르지 않은 바닷물은 예처럼 출렁이고
너의 맹세는 잘싸닥대는 파도처럼
아직도 귓가에 여울지는데

바위에 부딪쳐 내린 파도처럼
산산이 부서져 버린 너의 마음이여
밀려가는 파도처럼
잡을 길 없는 너의 마음이여

오늘도 파도는 밀려오고 밀려간다.

민달팽이의 외출

장맛비 숨 고르는 듯
이슬비 부슬부슬 내리는 날
비 기다렸다는 듯이 오솔길 따라
세상 구경 나온 민달팽이 한 마리

거무죽죽한 보호색 하나 걸치고
갈 길 안다는 듯 꾸물거린다

여름 한낮 햇살 몇 줄기도 들이치지 않는
축축한 습기 온몸 휘감는 독일의 검은 숲
좁은 길에도 아름드리나무에도
외계인이 풀어놓은 생명체마냥
새까만 뿔 세우고 꿈틀거리던
군집들의 거대한 퍼레이드

알맞은 터는 생명의 꽃자리던가

가림막 하나 두르지 않은 채
도심 오솔길 홀로 나들이 나섰던
민달팽이의 모험은
비 그친 길 한복판에서 꺾여 버린 듯
까맣고 쭈글쭈글해진 미라가 되어 길 위에 누웠다

맨몸에 느림보란 태생적 한계를 모른
무모한 용기였을까
민달팽이의 화려한 외출은
마지막 여행이 되어 버렸으니.

발가락

나란한 땅콩집*에 누워 있는
두 집 다섯 식구들처럼 그 모습 정겨워

두 손으로 지구 받들고 있는 아틀라스처럼
젊은 날 되알진 삶의 무게
떠메던 내 몸의 가마꾼들

볼 좁은 하이힐
꽉 낀 신발이라도 신고 걸을 때면
옥죄던 아픔에 한 걸음도 천근만근

동굴 속 사슬에 매여
벗어날 길 없는 고통 줄이려는 듯
등 휜 애벌레처럼 변했더니

삶의 등짐 내려놓고
멋 허울 벗어 버리니
성형하고 회춘한 듯
몸 곧추세운 발가락들

음악 리듬에 맞춰
고개 까닥이며
여름 태양을 부른다.

* 땅콩집 : 한 곳에 두 건물을 붙여 지은 집. 땅콩 껍질 안에
  땅콩이 붙어 있는 모습처럼 생겼다 해서 붙은 이름.

신기하고 알록달록한 세상

손에 발라준 박하 향 핸드크림 냄새
코 킁킁거리며 맡더니

"어, 이게 무슨 냄새지?
내 코가 왜 하얗게 되지?"
웅얼대며 고개 갸웃거린다

선반 위 사탕 바구니 한참 쳐다보더니
슬그머니 의자 끌고 가 까치발 딛고
바구니에 손 넣는다

순간, 와르르 쏟아지는 바구니의 비밀

우박처럼 쏟아지는 알알 잡으려는 듯
두 손으로 허공 헤집으며 외친다

"야 사탕들아, 장난치지 마!"

세상 구경 4년차
네 살배기 호기심투성이 눈에 비친 세계는
알록달록 재미있고 그저 신기하기만 하다.

가을 숲길

꽃피던 때 노래하며 걷던 숲길
낙엽 분분히 날리는 날 기도하며 걷는다

난발하던 꽃들의 춤도
하늘 향해 솟구쳐 오르던 푸른 합창도 멈추고
붉게 타던 열정마저 사그라진 숲

시린 11월의 하늘이 걸터앉은
성긴 나뭇가지 사이로
까칠한 바람만 숨바꼭질하며 넘나드는데

잣나무 가지 위 귀 쫑긋 세운 청설모 한 마리
호기심 어린 눈 뛰룩대며 내려다보더니
왔던 길 무심히 되돌아간다

이는 바람에 버석대며
낙엽도 제 갈 길 가는데

와락 안겨드는 늦가을 숲의 고적함에
와르르 무너져 내린 마음은
갈 곳 모르고 숲길 서성이고 있다.

가을앓이

산등성이 타고 내려오는 단풍불에 눈 붉어지는 날

눈물처럼 방울방울 떨어지는 그리움
가슴에 주워 담으며
잎 떨구는 소리 목메이는 가을 속을 걸어간다

소슬바람에 흩어졌다 너울너울 안겨드는
그리움 가슴에 안고
갈대 흐느낌 여울지는 가을 속을 걸어간다

빈 가슴에 맑디맑은 그대 눈동자로
담기는 가을 하늘
오색 그림자 길게 끌며
저만큼 가고 있는 선연한 가을빛
아름다워서 슬프고
슬퍼서 저린 마음 안고 간다

서늘바람처럼 옷섶 헤집는 사람아
이 가을,
혹여 그대 가슴에 찾아드는 그리움 있다면
그 그리움 나를 향한 것이었으면.

달포마다 만나는 얼굴

시월의 무주공산은 외롭다는 듯
양양의 검은 바다 시리게 내리비치던
새초롬한 얼굴

심야버스 타고 한강다리 건너다
휘황한 빛에 물든 서울 하늘 쳐다보니
애드벌룬 되어 날아온 듯 두둥실 다리 건너는 얼굴

북적이는 도시가 좋다는 듯
환한 얼굴에 함박꽃 웃음
달포마다 만나는 얼굴

윤회의 긴 고리 걸친 듯 달마다 나타나
내 밤길 따라 다니는 덩두렷한 얼굴

남포등* 들고 밤길 밝혀 주던
보고픈 엄마의 둥그런 얼굴.

* 남포등 : 석유 넣은 그릇의 심지에 불 붙이고 유리 등피를 끼운 등.

꽃이 지듯 마음도 지네요

어깨 나란히 기댔던 벤치 위엔
지난봄 추억 낙화되어 앉았는데

이따금, 무심한 바람은
꽃잎 공중에 헹가래치며
미련마저 흩어 버리네요

하늘까지 치달을 듯 뻗은
검버섯 걸친 아카시나무
하얀 꽃송이 조롱조롱 매달고
여전히 오월을 눈부시게 피워 내고 있네요

그날, 우리의 이야기도 꽃으로 피었고
나눈 정은 아카시 향처럼 서로의 마음에
기쁨으로 스며들었는데

뜨겁던 마음도 어느 순간
꽃이 지듯 지는가 봅니다

그러나, 꽃 떨어진 자리에 새 잎 돋듯이
다하지 못한 우리의 이야기도
추억으로 다시 피었으면 합니다.

아버지의 취중가(醉中歌)

TV 속 가수가 부르는 흘러간 옛 노래
나도 따라 불러본다
어제 익힌 듯 박자 가사 살아난다
아버지의 십팔번 노래

술 거나히 취해 어둠 헤치고 돌아오신 밤이면
열두 곡 노래 수록된 고장 난 테이프 돌아가는 것처럼
밤새 노래 부르시던 아버지

넘어질 듯 비틀거리는 노랫소리는
고요 속에 팽창되어 창호지창 넘어
시큼한 냄새 풍기며 아랫집으로 번져 가고
엄마의 애타는 엇박자 소리는 목청 돋우는
청개구리 소리 같은 노랫가락에 묻혀 버렸다

끊겼다 이어졌다 하던 아버지의 유행가 메들리
나는 잠결인 듯 꿈결인 듯 따라 불렀다

의미도 모른 채 흥얼거리던 아버지의 노래
청춘고백, 알뜰한 당신, 눈물 젖은 두만강
엄마는 어른 노래 부른다고 야단하셨고
친구들은 재미있다는 듯 자꾸 부르라 했다

이 나이 닿도록 무시로 불러보는 아버지의 노래
'헤어지면 그리웁고
만나보면 시들하고
몹쓸 것 이내 심사.'

낙엽

인연의 끈 뚝 끊기는 순간

나눴던 사랑도
함께 누렸던 기쁨도
바람이 흩어 버린 추억

우연의 끈 꼬옥 붙잡고
풍우 견디며 피워 냈던
찬란한 초록빛 기억들

만나면 헤어지는 인연의 굴레 벗을 길 없고
세월 동여맨 미련 어쩌지 못해

떨며 잡은 손 뿌리치고
돌아서서 가는 길
낙엽의 길.

제3부

귀로 듣는 세상은 더 아름다우리

세월에 묵은 얼굴

귀로 듣는 세상은 더 아름다우리

박제된 사랑

세월

그 바닷가에 가면 제비를 만날 수 있다

엄마 냄새

9월의 천지

바람, 바람

사막의 신기루

바람이여, 조종을 울려다오

반송된 약속

사랑은 카마리 해변의 검은 모래처럼

낡지 않는 추억

삼순이의 검은 눈

잠이 오지 않는 밤엔 잠자던 생각들이 온다

찬바람에 덴 흉터

망설여지는 때

땅 끝에 다다르면

발 헛딛는 기억

세월에 묵은 얼굴

아침 거울 속 익숙한 듯 낯선 얼굴
세월의 무게 이기지 못하고 무너져 내린
얼굴 위로 삶의 얼룩 곳곳에 드리워져 있다

숱한 세월 햇볕과 바람에 깎인 얼굴
외면하고 싶어 고개 돌린다

팽팽하고 윤기 흐르는 얼굴이면 얼마나 좋을까
순간, 상상 속 노련한 성형외과의가 되어
일그러지고 거무추레한 얼굴에 손을 대 본다

세월의 파도에 쓸려 작아진 눈 시원스레 키우고
골진 미간 주름 보톡스로 쫙 펴고
중심 잃고 처진 볼은 실 리프팅으로
확 당겨 올리고
거무칙칙한 피부는 레이저 시술로
말끔하게 정리해 본다

거울에 비친 세월 거스른 듯 젊어진 얼굴
묵은 얼굴만큼이나 낯설리라

내 삶의 표정 짓고 있는 얼굴
내 일상 사랑하듯 사랑하며 살아야겠다

옷치레하듯 바꿀 수 없는 얼굴
오래된 친구처럼 그냥 좋아하며 살아야겠다.

귀로 듣는 세상은 더 아름다우리

만겁 풍우와 발길이 다져 놓은
매끈하고 탄탄한 흙길

석굴암 올랐다 내려오는 길

앞서 걷는 뒤태 날렵한 벽안의 백발 노신사
왼손은 아내 팔짱끼고 오른손은 흰 지팡이 짚고
흔들림 없이 걷는 모습 눈길 붙잡네

한 몸 되어 걷는 두 사람의 느린 걸음 앞지르고
불쑥 이는 호기심,
노신사의 눈빛에 던져 보았네

허공 응시한 크리스털 같은
커다란 눈에 토함산에 걸린
쪽빛 가을 하늘이 일렁이고 있었네

귀로 들은 석불의 모습은 한 폭의 그림으로
그의 눈 속에 하늘처럼 들어와 박혀 있으리

사랑의 눈을 단 여자와
귀로 보는 천상의 눈을 가진 남자는

비익조*가 되어 느린 날갯짓으로
산길을 내려가고 있었네.

* 비익조(比翼鳥) : 암컷과 수컷의 눈과 날개가 하나씩이어서 짝을 짓지 아니하면 날지 못한다는 상상 속의 새. 부부 사이의 아름다운 사랑을 비유적으로 이르는 말.

박제된 사랑

이십 세기가 중반을 넘어갈 즈음
이십 대 푸름 창창한 남녀는
꽃 본 나비처럼 사랑에 빠졌다
바라만 보아도 가슴 벅찬 사랑
뜨거운 포옹 한 번 나누지 않았어도
뜨겁게 타오르는 서로의 사랑을 느끼면서

가난한 남자에게 딸을 줄 수 없다며
두 사람을 되돌아 세운 부모 손에 이끌려
여자는 남자의 사랑 아닌 남편의 뒤를 따라 나섰다
마음은 그 남자에게 남겨 둔 채

여자의 그림자 밟으며 살던 남자는
여자가 첫 아이를 낳다
돌아오지 못할 길을 떠났다는
소식을 바람결에 들었다

같은 하늘 아래서 숨 쉬고 있다는 것만으로도
살아갈 이유를 찾던 남자의 시계는
그 순간 멈춰 버렸고
남자의 가슴에 깊이 박힌 사랑의 못을
아무도 빼내지 못했다

이십 대 꽃 같은 그녀 마주한 듯
옛 얘기에 봄 햇살 같은 눈웃음 지어 보이는
삶의 페이지 여든 훌쩍 넘긴 남자

이루지 못한 사랑은 박제된 채
그의 가슴 자리에 늘 앉아 있기에.

세월

돌고 돌아
걸어온 굽이진 인생 여정

운명의 여신 포루투나*의
무심한 공 굴림에
삶의 광장엔 바람이 불고
비가 내리고 무지개도 떴다 사라지더니

흑단 같던 머리 세월에 씻겨 빛바래고
별빛 모아 달빛 쌓고 달빛 빚어 햇살 엮던
손마디마다엔 세월의 옹이 굵게 앉았네.

* 포르투나(Fortuna) : 로마 신화에 나오는 운명의 여신으로
  커다란 구(球)를 돌려 사람들의 운명을 결정한다고 한다.

그 바닷가에 가면
제비를 만날 수 있다

태안 해변 해물식당 처마 끝에
둥지 튼 제비 가족

어미 기척에 새싹처럼 파들거리는
새끼들의 날갯짓
합창하듯 재재대는 노란 분꽃 같은 주둥이들

파도치듯 둥지 들락거리며
먹이 물어 나르는 제비 부부
새끼 입에 갯내 넣는다

새끼 배곯을까
바닷물 검푸르러지기 전
둥지 문턱 닳도록 오르내리는
부부의 고단한 하루

노란 주둥이 연지빛 돌 때
제비 부부의 날개는 쉼 얻으리.

엄마 냄새

엄마 냄새에 허기진
네 살 어린 마음엔
늘 불안이 들어와 앉았다

엄마 베개 서로 차지하겠다고
언니들과 벌이는 실랑이에서
뒷전으로 밀리는 막내라는 설움도 함께

엄마 샴푸 냄새 화장품 냄새 밴 베개는
불안한 마음 잠재워 주는 아로마
상실감 달래 주는 애착 인형 같은 것이었기에

조지아*의 넓고 푸른 대평원
어미 엉덩이 그림자에 얼굴 박고 풀 뜯는 망아지
오직 둘만이 허허벌판의 초원 헤집을지라도
어미 냄새는 세상의 어떤 두려움도 이겨 내는
화학병기라도 된다는 듯
어미 따라 걷는 새끼 걸음 여유롭고 평화롭다

귀하다는 용연향*인들
어미 냄새만 하랴

엄마 냄새 자리 꿰찬 오래전 불안과 두려움은
어른 된 그녀 마음에 여전히 자리하고 있다.

* 조지아(Georgia) : 유럽 동부, 캅카스산맥 남쪽에 있는 나라.
* 용연향 : 향유고래에서 채취하는 고급 향수 원료.

9월의 천지

천사백사십이 계단
한 계단 또 한 계단 오를 때마다
가쁜 숨에 늘어지는 발걸음

높이 오르는 일은 하늘 가까이 가는 길
오랫동안 기다려 온 꿈의 끝자락을 향해 가는 길
그러기에 포기할 수 없는 길

빛과 바람이 피워 냈을 화려한 흔적 너울대는
고산화원*의 키 작은 마른 꽃들
안개 베개 삼아 누웠다가 일어선다

토기장이가 아무렇게나 빚어 놓은
거대한 토기 속에
파란 물감 걸게 풀어놓은 듯
짙푸른 호수 물 하늘에 걸렸고
호수에 잠긴 코발트빛 가을 하늘
꿈꾸는 듯 형형하다

하늘과 땅의 원초적 신비
성산(聖山)의 정기 품은 천지(天池)

수천 년 오직 바람과 하늘 벗 삼아
낮볕 내리비치는 날엔 하늘의 거울 되어 놀고
별 뜨는 밤엔 물 속 자맥질하는 별빛 안고 노는
외로움마저 외경스러운 천지의 의연함

오랜 기다림 끝에서 만난 기쁨
바람 되어 천지 위를 날았네.

* 고산화원 : 백두산 서파 코스에 위치한 해발고도 1,800~2,400m의 완만한 구릉지대로 야생화의 천국으로 불리는 곳.

바람, 바람

바람 싸대기 맞은 봄꽃
대거리하듯 허공에 솟구치더니
이내 땅바닥으로 곤두박질친다

뭇 눈길 붙잡는 꽃의 화려함에
샘난 듯 부리는 바람의 심술
그 어찌 당해 내랴

바람에 떨어지는 것이 꽃뿐이랴

꿈꾸던 아프리카 여행
현실로 만들어 보자던 우리 약속
케냐 행 비행기표 예약해 놓고
상상의 날개는 매일매일
아프리카 초원 위를 날았다
하루는 마사이마라*로
어느 날은 세렝게티*로

TV에서 보았던 사파리* 탐험 여행 기대로
가슴은 날로날로 부풀었는데

너의 핑계 같지 않는 핑계 바람에
비행기표는 하늘로 날아가고
설레던 마음은 땅바닥에 내팽개쳐졌다.

* 마사이마라(MaasaiMara) : 케냐에 있는 국립공원.
* 세렝게티(Serengeti) : 탄자니아에 있는 국립공원.
* 사파리(safari) : 자동차를 타고 다니며 차 안에서 자연공원의
  야생동물을 구경하는 일.

사막의 신기루

햇빛 쨍쨍한 사막의 오후

멀리 보이는 호수 반짝이는 물빛
나른하고 평화롭다

달려가면 금방 닿을 것 같은 거리
단숨에 뛰어가 뱃놀이 하며
사막의 모래 달구는 한낮 더위 식히고 싶다

차도 사람도 쉬어가는 휴게소
물광(物光)의 황홀함에 홀린
발길 붙잡는 경찰

오아시스 좇아 모래밭 달리던
나폴레옹의 이집트 원정군도
목마른 사막의 여행자들도
마법사의 성 우물 곁에서
돌아오지 못한 사막의 별이 되었기에

인간에게 보내는 천사의 눈빛인 듯
지친 사막의 여행자에게 위안이었을 맑은 그 빛

희망이 보이지 않는 땅에서
희망이었을 사막의 신기루

11월 어느 날,
사하라 한가운데서
빛이 빚어 낸 눈부신 대작을
눈 시리도록 바라보고 있노라니

인생의 사막에서 넋 잃고 좇았던 이상도
잡을 수 없는 한낱 신기루였음을 알았네.

바람이여, 조종을 울려다오

건물 잔해에 깔려 숨 멎은 열다섯 꽃다운 나이
온기 가신 파리한 딸의 손 놓지 못하고
떠난 딸의 영혼을 찾아 헤매기라도 하듯
망연자실한 촌부의 허망한 눈빛

2023년 2월 6일 튀르키예 남부 카라만마라슈

콧노래로 아침을 준비하던 분주한 손길
희망찬 내일을 꿈꾸며 새벽을 밀어내던 힘찬 몸짓
새벽 단잠에 취했을 꿈길 위로

하늘이 조각나 내린 듯
거신(巨神) 헤라클레스가 땅을 들었다 놓은 듯
재산도 가족도 삶의 의지도 한순간에 삼켜 버린
규모 7.8의 지진

삶의 터전은 첩첩더미에 묻혀 아비규환이 되었고
오직 비탄과 슬픔과 눈물만이
눈 내리는 언 땅을 적시고 또 적시고 있었다

무심한 시간은 돌고 돌아
얼었던 땅에 봄바람 들고
따스한 햇살 촌부의 얼굴 어루만지면
딸을 바라보듯 아비는 웃음 지을 수 있을까

봄놀이 나온 새
아름다운 목소리로 꽃노래 부를 때면
딸의 음성 듣는 듯 아비의 가슴은
기쁨으로 다시 뛸 수 있을까.

반송된 약속

보름여 걸려
산 넘고 바다 건너 소피아*에 이르렀을
소포가 수취인 불명으로 되돌아왔다

언제까지나 소식 끈 놓지 말자던 그만의 약속은
열 손가락 두 번 세는 세월 동안
서로의 안위와 행복 비는 마음 층층이 쌓았는데

그 약속 저버렸을까

빈한한 편지지에 한 자 한 자 꾹꾹 눌러쓴
그의 약속은 아직 살아 꿈꾸는데
열리지 않는 메일 수신함 속 언어들은
깊은 잠에 빠진 듯 고요하다

어느 해인들 잊었으랴
삼월 첫날, 봄의 시작을 축하하는 마르테니차*와
삼월 팔일, 여성의 날 축하하는 카드 담아
아직 겨울을 털어 내지 못한
나의 삼월을 열어 주던 편지

시간 늦어 헐레벌떡
약속 장소에 나타나던 어느 날 모습처럼
때 놓친 삼월 편지 허둥대며 날아오리라
오늘도 기다려 본다.

* 소피아(Sophia) : 불가리아 수도.
* 마르테니차(Martenitsa) : 빨간색 실과 흰색 실로 만든 불가리아 전통 공예품. 이것을 두르거나 입은 사람에게는 건강과 행운이 깃들고 그 사람을 보호해 준다고 한다.

사랑은 카마리 해변의
검은 모래처럼

제우스가 쪼개 버린 서로의 반쪽*을 찾은 듯
에게해 푸른 바다에 한 몸 되어
석상처럼 서 있는 남녀

일렁이는 거센 파도
발등상 치며 하얗게 부서질 때
행여 다시 나뉠까
연인들의 포옹 깊고 더 길다

영겁의 세월 거친 파도
산토리니 카마리 해변* 치고 또 쳐도
검은 모래 흰모래로 변하지 않듯

뜨거운 가슴으로 파도를 거스르는
연인들의 사랑 변함없기를.

* 플라톤의 『향연』에서 희곡작가 아리스토파네스가 말하길, 태초에 인간은 둘이 서로 등을 맞대고 붙어 있는 한 몸이었다. 눈도 네 개 손발도 여덟 개인 힘센 존재여서 신들의 자리를 넘보기도 했다. 이에 분노한 제우스가 한 몸을 둘로 나눠 버렸고, 잃어버린 반쪽에 대한 인간의 갈망이 사랑이라고 한다.
* 카마리 해변(Kamari beach) : 그리스 산토리니 섬에서 가장 긴 해안선이며 검은 화산 모래와 작은 자갈로 이루어진 해변.

낡지 않는 추억

겨울 동네 마트 한구석에 덩그마니 놓여 있는 추억
누가 볼세라 얼른 장바구니에 담았다

친구 미자네 작은 방엔
점 박힌 하얀 장난감 차들 경주하듯
누에 꿈틀거렸고
싸락눈 내리는 듯
사각사각 뽕잎 갉아먹는 소리는
방 안의 먼지를 흝었다

익은누에* 고치치고 나면
미자 할머니는 고치 삶아 물레질 하셨고
할머니 주변엔 꼬마들로 울타리 쳐졌다

껍질 벗긴 메추리알 같은 흰 고치에서
한 줄 한 줄 풀려나오는 명주실 가닥 바라보며
목 길게 빼고 번데기 나오길 기다리는 시간은
십리 학굣길처럼 길고 까마득했다

기다림 한 조각 입 안에서 툭 터지는 순간
달짝지근한 고소함이 입 안 가득 차올랐다
그때 난 미슐랭 가이드 별 세 개 맛을 보았다

소금 한 꼬집 넣고 끓인 추억의 맛
버썩 마른 가을 나뭇잎 씹는 것처럼
메마르다.

* 익은누에 : 다 자라서 뽕 먹기를 그치고 투명해진 누에.

삼순이의 검은 눈

두 팔에 꼬옥 안긴 채
내 마음 다 읽겠다는 듯
한 점 깜박임도 없이
물결 진 내 얼굴 붙잡는
서리태같이 검은 눈동자

유성이 되어 내 눈에 떨어지는
애잔하고 그윽한 눈빛
전율 이는 뼈근한 사랑

눈으로 전해 오는 사랑은
말로 하는 사랑보다 더 깊고 애틋하다

초롱초롱 이슬 같은 눈에서
피어나는 열락의 별무리들
내 가슴에 꽃자리로 깔리면

안락함에 스르르
둥근달로 떴다 조각달로 이지러지는
삼순이*의 까만 눈동자.

---

* 삼순이 : 몸집이 작은 푸들종 암컷 반려견 이름. 삼월에 온 여자아이라는 뜻이다.

잠이 오지 않는 밤엔
잠자던 생각들이 온다

한 마리 두 마리… 쉰 마리
우리 뛰쳐나가는 양을 잡아
세고 또 세어도 도망가는 잠은 잡을 수 없다

텅 빈 잠의 우리에
물밀듯이 밀려드는 생각들

깊은 어둠 속에서 스멀스멀 깨어나
하나둘 자리하는 먼지 뒤집어쓴 후회와 회한
꼬리에 꼬리 물고 날아와
선연한 눈빛으로 가슴 때린다

허물어지지 않은
낡은 성에 갇혀
꼼짝할 수 없는 불면의 밤

백, 아흔아홉, …쉰 마리
우리 뛰쳐나가는 양을 잡아
거꾸로 세 봐도 도망간 잠은 잡을 수 없다

빈 잠 터 위에 기대와 희망의 벽돌로
내일을 지어 본다
쌓았다 헐고 또 쌓았다 다시 무너뜨리고
꿈 사다리 오르내리며 화려한 성 쌓아보는
황홀한 불면의 밤

성 위에서 행복의 그네 타며 놀다
그만 지쳐
먼동 틀 언저리에 까무룩 잠의 우리에 빠졌다.

찬바람에 덴 흉터

엄마의 아픈 기억을 토해 내기라도 하듯
몸에 깊이 배인 한기 뱉어 내기라도 하듯
동생은 겨울이면 쿨럭쿨럭거렸다

앞산 소나무 삭풍에 윙윙거리는 동지섣달
몸 풀러 친정집에 와 있던 엄마는
소와 사람이 같은 집에서 출산하면 안 된다는
말에 떠밀려 쫓기듯 친정 대문을 나섰다

사십여 리 길 덜커덩거리는 버스 붙잡고 달려온 후
집 향해 뒤뚱거리며 걸음 옮길 때

배 뒤트는 진통 가눌 길 없고
세상문 향해 내려오는 태아의 힘 막을 길 없어
길가 점방*에 막무가내로 찾아들어
엄마는 떡두꺼비 같은 사내아이를 낳았다

해산 구멍에 바람 들라*
갓난아기 안고 온몸 할퀴는 칼바람 맞서며
십여 리 울퉁불퉁한 신작로 걸어
집으로 돌아가는 엄마에게
그 말은 가혹한 고문이었다

찬바람에 깊게 데인 엄마는 산후풍을
동생 질수*는 해소 기침*을
흉터처럼 안고 살았다.

* 점방 : 가게로 쓰는 방.
* 산모가 바람을 잘못 쐬면 몸에 탈이 나므로 바람을 쐬지 않도록 조심해야 한다는 말.
* 질 : 길의 전라도 방언, 길에서 낳았다고 해서 동생의 아명은 질수였다.
* 해소 기침 : 찬 기운으로 인해 폐가 상해서 나는 기침.

망설여지는 때

할까 말까 망설여지는 때는
그냥 해 보세요

해 보면 별것 아닌 것
해 보지 않으면 별것처럼
나중에 후회로 남을 테니까요

갈까 말까 망설여지는 때는
그냥 가 보세요
택한 길 꽃길이면 노래하며 가고
험한 길이거든 기도하며 걸어가 보리
가지 않은 길 훗날 미련으로 남을 테니까요

살까 말까 망설여지는 때는
사지 마세요
필요한 물건은 망설임 필요 없고
마음 충동질에 못 이겨 산 물건
바람 자면 한숨으로 남고
지구 위에 쓰레기 하나 더 쌓는 일이 될 테니까요.

땅 끝에 다다르면

훈풍 건들거리며 들녘 휘감아 돌고
게으른 유월 햇살 황토밭에 길게 누우면

땅 빛 닮은 붉은 고구마
전설처럼 주렁주렁 줄기 따라 열리고

가을걷이에 부지깽이도 덤벙이면
남으로 숨 가쁘게 내달리던 단풍
뭍에 오르려는 파도에 길 막혀
바다에 발 담그고 노을 되어 붉게 타오른다

미황사 목탁 소리
달마산 능선 기암괴석 오르내리면
산사에 걸린 달도 경 읽는 듯 그 빛 휘영청하고

대흥사 범종 소리 두륜산 새벽 깨우면
사색의 길 따라 흐르던 계곡물
발걸음 크게 피안교 건너간다.

발 헛딛는 기억

그런 말 한 적 있던가
그런 말 들은 적 있던가

내 말과 네 말 사이에
없던 벽이 생겼다

네 기억과 내 기억 사이에
닿을 수 없는 섬이 놓였다

툭하면 발을 헛디뎌 비틀거리고
자꾸만 길을 잃고 헤매는 생각

퇴색한 기억이 만들어내는
내 안의 새로운 이야기꾼

그래도
가슴 들썩이게 하는 기억은
오늘도 제 길에서 웃고 있네.

제4부

세월에 털린 자리 무엇으로 채워야 할까

땅꼬

미스 김 라일락

미얀마의 따르릉 청년

다시 그려 보는 고향 풍경화

밤의 향기는 낮의 꽃보다 아름답다

한여름에 듣는 울음소리

야래향

세월에 털린 자리 무엇으로 채워야 할까

도깨비불

오색잡채

아제의 지게

늙지 않는 첫사랑

행복은 위에 달렸다

비운 마음에 차는 것들

길어진 인중

새해에는 말해 보리라

옛사람의 기억상자

군밤

눈 위에 새겨보는 발자국

땅꼬

전파 타고 들려온 목소리는
반세기도 전에 축대집 돌계단 뛰어올라 오며
나를 부르던 그 목소리였다

순덕이란 이름을 갖기 전
소꼽친구 이름은 땅꼬*였다
내리 딸에 아들 바람 담은 희망 서린 이름
토담집 한 칸 방에 올망졸망 모여 놀던
다섯 자매들처럼 정겨운 이름

봄바람 품으로 기어드는 삼월
또래들은 가슴에 명찰 달고 신작로 뛰어 학교 갈 때
땅꼬는 이름으로 터를 판 남동생 뒷바라지 위해
언니들 따라 남의집살이하러 떠났다

나를 네버랜드*로 불러들이는 주문 같은 이름 땅꼬
보고픔에 가슴 저미는 날이면
날아가는 철새에게라도 소식 묻고 싶었던 이름

간절한 마음 바람이 전했을까
긴긴날 쌓아 온 그리움 봇물 되어 쏟아져 내린 날
그녀 이야기도 긴 강물 되어 흘렀다

꽃길인가 싶어 화관 쓰고 나선 길 험하고 고달파
갔던 길 되돌아와 새 둥지 틀고
산지기의 아내로 구구대며 산다는 땅꼬

웃음 속에 젖어 나오는 그녀의 한숨 내던지고
우리는 네버랜드를 향해 달렸다.

* 땅꼬 : 딸을 많이 낳은 집에서 아들 낳기를 바라며 지은 여자아이 이름.
* 네버랜드(Neverland) : 피터팬에 등장하는 장소, 아이들이 나이를 먹지 않고 살아가는 곳이다.

미스 김 라일락

꽃 푸른 사월 샤넬 No.5 걸친 아가씨
향기 나풀거리며 빌딩 숲 사이 또각또각 걷는다

칠십 년대 산업화 일꾼 된 미스 김은
고향 떠나 공장에서 사무실에서
희망으로 땀을 닦아 내고
꿈으로 땀내를 날려 보냈다

미국인 식물채집가 엘윈(Elwin)
북한산 야생 털개회나무 꼴 바꿔
이름 새로 지을 때
한국인 조수(助手) 호칭 따라 미스 김이라 불렀다

추위도 병충해도 잘 견디는 강인한 생명력
두세 뼘 작은 키에 매혹적인 보랏빛 향기
조랑조랑 매달은 미스 김 라일락

지금은 사라진 어느 별 이름처럼
미스 김이란 호칭 입에서 멀어졌지만
라일락 이름이 된 미스 김은

꿈이 뒹구는 어느 집 손바닥 정원에서
화려한 꽃들 야단법석인 어느 집 베란다에서
정겨운 이름으로
사오월을 진하게 피워 내고 있다.

미얀마의 따르릉 청년

"따르릉 따르릉 비켜나세요.
자전거가 나갑니다 따르르르릉."

자전거 꽁무니에 나를 싣고
2달러 팁도 행복하다는 듯
얼굴 가득 웃음꽃 피우며

한국 관광객이 가르쳐 주었다는
따르릉 노래 맞춰
자전거 페달 힘껏 밟던 미얀마의 미청년(美靑年)

시계 느리게 가는 듯
고요하고 평온한 땅
마주치는 눈길마다
연꽃처럼 피어나던 무구한 미소
가득한 그 땅에

바람에 넘어진 가로수처럼
민주화 외치다 길가에 쓰러진
TV 뉴스 속 청년 시위자들 모습

카메라에 담긴 젊은이들 속에서
눈망울에 아침햇살 같은 해맑은 웃음 담아내던
자전거 청년의 안위를 헤집어본다

청년의 유쾌한 따르릉 동요를
어디선가 다시 들을 수 있기를 기도하면서.

다시 그려 보는 고향 풍경화

남녘 바다 건너온 매운기 가신 바람
너른 들 밭고랑 사이 넘나들면
눈 이고 있던 청청한 보리
파르르 고개 떨치며 기지개 펴던 곳

황토밭 물고구마* 줄기 따라 영글어 가고
물댄 나락논 우렁이 짝 찾아 유영하던
유월의 들녘

썰물 진 드넓은 갯벌에는 짱뚱어 뜀박질하고
칠게 농게 짝 이뤄 군무 추던 곳

그곳에 가고 싶다

쑥 캐던 바구니 내던지고
누가누가 이기나 모래밭 달리기
모래성 뺏기 놀이
지치면 팔 베고 누워
흘러가는 구름 쫓다 잠들던 바닷가

달 뜨는 밤이면 가시내들 손에 손잡고
뛰며 부르던 강강술래에 달도 졸고

따뜻한 아랫목 이불 속에 친구들 발 모으고
이야기 쏟아대던 입김에 호롱불도 흔들리던
그 겨울밤

그때가 그립다.

* 물고구마 : 물기가 많아 물렁물렁한 고구마.

밤의 향기는 낮의 꽃보다 아름답다

산기슭에 자리한 동네에 땅거미 깔리면
골짜기 따라 내려오는 오월의 향

먼지 뒤집어쓴 마을
하얀 향기로 멱을 감고

향기 흠뻑 머금은 어둠
마을 휘휘 돌며 골목골목 채운다

어둠 속에서 오롯이 빛나는 향기는
먼로*의 밤을 수놓은 샤넬 No.5처럼
은밀하고 화려하다

창문 넘어 들물처럼 밀려오는
감미로운 아카시아 향기에
포도주처럼 취해 보는 오월의 밤

아스라한 기억 속의 네 향기는
어둠 되어 나를 어루만진다.

* 마릴린 먼로(Marilyn Monroe) : 미국의 영화배우이자 가수. 먼로는 한 인터뷰에서 침대에서 뭘 입고 자느냐는 질문에 샤넬 NO.5라고 답했다 한다.

한여름에 듣는 울음소리

길고 긴 인고의 세월 박차고 나와
무더위에 절은 세상에 발 딛는 순간부터
네가 하는 일은 짝을 부르며
온 힘 다해 울고 또 우는 일이다

나는 너처럼 누굴 위해
목메이게 울어 본 적 있던가
나는 너처럼 마음 다해 애타게
누굴 찾아본 적 있던가

한생 한껏 울대 돋우며 부르짖는 너의 울음
쉼표도 없이 불러대는 도돌이표 소리

익어 가는 한낮의 더위 쪼개 버릴 듯한
창창한 너의 울음소리
여름 숲 흔들어 바람을 부른다

나도 너처럼 아우성치듯 뽑을 수 있는
힘찬 목청 가졌다면
나는 내 노래에 꿈을 실어 봤으리.

야래향

그 이름만으로도 코끝에 향기 스며드는 꽃
그 이름만으로도 밤이 기다려지는 꽃

밤은 깊어 교교한 달빛만 수묵화처럼
골목에 걸린 어느 늦여름 밤

지쳐 무거운 발걸음 끌며 귀가하던
나를 붙들어 세운 향기

밤의 여인이 지나간 듯
골목 가득 채운 향기 따라
걸음 멈춘 어느 대문 앞

옹색한 화분 속 손에 손잡고 합창하듯
달 향해 올망졸망 매달려 있던
작은 나팔 모양의 하얀 꽃송이들

까만 밤을 하얗게 분칠하는 꽃
향기로 단장하고 밤을 유혹하는 꽃

그 이름 야래향(夜來香), 밤에 피는 재스민이다.

세월에 털린 자리
무엇으로 채워야 할까

분신처럼 어깨에 메고 다니던 가죽 가방
이제는 무거워 가벼운 천 가방 찾는다
가방은 그대로인데 무게 늘었다 줄었다 할 리 있나
가방이 무거운 것이 아니라
내 힘이 약해진 탓이리라

마음에 든 옷 한 벌 사려고
가격표 보다가 망설망설
그 정도 가격이면 적당하다 싶어
덥석 집어 들었는데
이제는 싼 것 없나 인터넷 뒤적뒤적
옷값이 비싼 것이 아니라
내 호주머니가 가벼워진 탓이리라

내달리는 세월 따라 도망치듯 빠져 나가는
내 몸의 부속들 비워지는 곳간
무엇으로 채워야 하나

힘이 빠져 나가는 자리엔
노년의 품격 높여 줄 품위와 현명함과 재미*를
비어 가는 호주머니엔
주어도 주어도 축나지 않을 사랑으로 채워 볼까나.

* 일본의 정신과 의사 와다히데키는 그의 책 『노년의 품격』에서 노년에 되고 싶은 모습으로 품위 있는 노인, 현명한 노인, 재미있는 노인이라고 했다.

도깨비불

산 아랫집 마당에 장맛비 젖은 어둠
일찌감치 똬리 틀면
토방*에 할머니와 나란히 앉아
자리 깔은 어둠 위로
기왓장 타고 내려온 물
실로폰 치듯 똑똑 홈통*에 떨어지던
소리 듣던 저녁

증조할머니의 긴 담뱃대 끝 불빛
반딧불처럼 깜박이다 숨 멎으면
별빛마저 비에 씻겨
심연 같은 어둠에 빠져들던 밤

할머니 옛이야기 들으며
바다 건너 멀리 앞산에 눈 걸치면 들어오던
반뜩거리는 싸한 불빛

하나였다 여럿 되고 작아졌다 이내 큰 덩이 되고
길게 동그랗게 뭉쳤다 헤치기하며
뜀뛰기 하던 불빛

나그네 붙잡고 밤새 씨름했다는 도깨비
비 냄새 피어나던 어느 한밤 산 아랫집서
왁자지껄 비설거지*했다던 도깨비 가족들도

방망이 휘둘러 머리에 불 달고
보름날 애들 쥐불놀이 하듯
그 밤 신나게 불놀이했나 보다

전깃불 요란하게 밤 밝히는 세상
도깨비들은 지금 어디서 불놀이 하고 있을까.

* 토방 : 방에 들어가는 문 앞에 놓인 쪽마루.
* 홈통 : 물이 흐르거나 타고 내리도록 만든 물건.
* 비설거지 : 비가 오려고 하거나 올 때 비 맞지 않도록 물건을
  덮거나 치우는 일.

오색잡채

전화기 신호음이 울린다
-잡채 좀 했어요. 문고리에 걸어놨어요.
위층에 사는 이웃사촌 박 여사 문자

-잡채는 쉬운 요리예요.
종갓집 제사 차리듯 그녀가 자주하는 음식

나에게 잡채는
마치 이른 봄 꽃몽우리 터지는 것만큼이나
더디고 힘이 드는 요리

채소를 삶거나 볶아 간을 맞추고
맛을 낸 재료들에 다시 양념 더하여
앙상블의 맛을 내는
마법을 부려야 하는 과정이라니

빨강 노랑 초록 오색 댕기 흩어 놓은 듯
색깔 조화로운 오색 잡채

한입 가득 넣어 본다

색색이 어우러지는
부드럽고 쫄깃한 맛
오색잡채 한 접시에 담긴
이웃간의 푸근한 정.

아제의 지게

청년 머슴이라는 버거운 짐 얹힌 지게에
아제*는 사랑을 얹어 그 무게 가볍게 하려 했을까

봄날, 떨기나무 더미 지고 온 아제의 지게 위에는
분홍 진달래꽃 나비 떼처럼 나풀거리며 따라왔다
꼬마는 시큼한 진달래 먹기도 하고
춤추듯 꽃가지 흔들며 좋아했다

한여름 새벽녘, 지게에 이슬지고 나선 걸음
중천에 해 걸릴 쯤 돌아온
아제의 한짐 지게 귀퉁이엔
햇빛 먹은 검붉은 열매들 대롱대롱 매달려 왔다

꼬마는 입가 검불그스름하게 물들이며
세상은 그저 달콤한 맛뿐이라는 듯
달큰한 열매 입 안 가득 넣고 우물거렸다

서늘한 바람에 햇살마저 비껴가는 가을엔
몸무게 늘린 들녘의 곡식처럼
겨울 땔감 준비하는 아제의 지게도 무거워졌다

여름 비바람에 쓰러진 통나무들
탄탄한 허벅지 같은 모습으로 줄지어 지게 탈 때
구렁이 몸통 같은 칡도 함께 올랐다

꼬마는 단 갈분 토해 내는 칡뿌리 질근질근 씹으며
세상은 그저 즐거움만 가득한 곳이라는 듯
마당 빙빙 돌며 좋아했다

아제가 철마다 지게에 지고 왔던 사랑은
화수분이 되어 어른 꼬마의 가슴에
지금껏 마르지 않고 흘러내리고 있다.

* 아제 : '아저씨'의 전라남도 방언.

늙지 않는 첫사랑

솔바람에 갈잎 버석대면
철새가 물고 오는 먼 곳의 기억

하늘 향해 키재기하던
코스모스 물결 속
잠자던 꽃봉오리들
소년의 웃음에 꽃 트림하고
고추잠자리 날개 뒤에 숨은 소녀의 미소
한 송이 꽃으로 피어나던 가을날

잇댄 꽃잎처럼
한 장 한 장 마음 담아
피워 내던 애틋함이여

해마다 코스모스는
네 웃음처럼 활짝 피었다
새벽 별처럼 스러지는데

시들지 않는 기억 속
늙지 않은 소년이여

네 기억 속에서도
나는 늙지 않고 있는지.

행복은 위에 달렸다

종일토록 신경은 온통 한 곳에 쏠려 있다
무엇이 잘못 되었나
현미경 들이대고 시간 거슬러 일상을 들춘다

나는 위장과 사이가 좋지 않다
그들은 태생적으로 약하고 예민하여
툭하면 사달이 난다

커피라도 마실라치면 속이 쓰리다 하고
과일이라도 먹을라치면 차갑다고 신음하고
양껏 먹을라치면 소화하기 힘들다고 아우성이다

무엇을 먹어야 편할까
먹는 것 앞에 두고 눈치 보기
비위 맞추기에 전전긍긍이다

강하게 길들여 볼까 애쓰다가
회복하기 어려울 만큼 아픔만 더했고
세월 가면 변할까 하는 기대는
바윗돌 모래 되길 기다리는 것만큼이나 요원하다

변덕스런 위장에 널뛰기하는 기분
누가 말했던가, 행복은 위에 달렸다고
그 또한 나처럼 위장과 불화하며 살았나 보다.

비운 마음에 차는 것들

모진 추위를 피하는 길은 입는 것이 아니라
벗는 것이라는 것을 나무는 알고 있기에

겨울을 준비하는 나무는 해말간 가을빛에
푸른 잎 은연히 태우며 벗을 채비를 한다

매운바람도 걸리지 않게 한기 머금은 눈비도
오래 걸터앉지 못하게 할 벌거숭이가 되기 위해

중천의 해 긴 날에도 짧은 날에도
푸른 잎 찰랑대던 측백나무
어느 날 소복이 내린 눈 껴안고
가지마다 화사한 눈꽃 마구마구 피워 내더니
이내 우지직 주저앉고 말았다

잎 무성한 나무처럼
마음 가지마다 매달린 생각 더미들

미련 버리지 못하고 붙들고 있는 욕망
세상 향해 삿대질하고 싶은 노여움
마음 할퀴는 돌이키고 싶은 회한
잎 떨쳐 버린 나목처럼 훌훌 털어 버리니

가벼워진 뼈마디마다
햇살 두둑한 날엔 감사가
날빛 어스레한 날엔 그리움이
눈 흩뿌리는 날엔 괜한 설렘이
슬며시 들어와 앉네.

길어진 인중

산 아래 저수지 향해 흐르는 개골창처럼
들녘 가로 질러 놓인 섶다리처럼

코 밑, 아니 코와 입 사이에
턱하니 자리 잡은 인중

"인중이 짧으면 단명한다는데"
된바람에 넘어질 듯한 야윈 몸
윗입술 자락에 덮여 보일 듯 말 듯한 인중
안쓰럽다는 듯 바라보시며
혼잣말 하시던 외할머니

물기 말라 버린 오래전 공기
때론 콧바람에 들락거리는데

강줄기 세월 따라 천변 모래톱 핥으며 길어지듯
시간 무게 이기지 못하고
주름 골짜기 매달고 늘어진 인중
날로 길어지는 인중
백 년 넘어 흐를 강줄기 되려나.

새해에는 말해 보리라

표현하지 않는 사랑은 사랑이 아니라니
새해에는 사랑을 가슴에만 담아 두지 않으리라
입 더 자주 열어 말해 보리라

쓰기는 쉬워도 입에서 쉬 떨어지지 않는 말
가까운 살붙이에겐 한없이 인색한 말
사랑한다는 한마디 입버릇처럼 말해 보리라

감춰진 보석은 드러냈을 때에라야 빛을 발하듯
사랑한다는 아름다운 말
입 밖에 냈을 때 꽃처럼 피어나리

사랑을 미루지 않기로 했다
사랑은 미래가 아닌 현재에 머무는 것
내일로 미루는 사랑은 사랑이 아니리라

가슴에 담아 둔 사랑
지금 꺼내어 말해 보리라

"사랑합니다!"

옛사람의 기억상자

"네가 어릴 적에"
동화책 읽듯 오래전 기억
주절주절 늘어놓는 옛사람

"거기는 어디고 그는 누구였고"
활동사진 보여 주며 해설하듯
기억 보따리 술술 풀어놓는 옛사람

유년 기억 몽땅 훔쳐갔다
어른 된 주인에게 되돌려 주는 시간 도둑처럼
옛 얘기 끝없이 쏟아내는 기억의 전달자

함께 나누는 추억은 아름답고
서로의 마음 묶어 주는 마법의 끈 아니던가

옛사람은 알고 나는 모르는 내 얘기
마치 남의 얘기처럼 들을 때

육십여 전에 잃어버린 이야기
옛사람의 기억상자에 담겨
빛의 속도로 내게 도달하고 있었네.

군밤

매운바람 널뛰는 도시의 거리
화덕에선 붕어빵 구워지고
밤, 고구마도 익어 간다

나릿나릿한 불꽃에 노릇노릇 익어 가는 소리
코끝 깊숙이 스며드는 고소한 냄새
찬바람도 데워지는 인내의 시간

딩동 울리는 초인종 소리 너머
저녁 찬바람 가르며 내미는
작은 손에 들린 추위 달군 군밤 한 봉지

식지 않은 온기 터질 듯
가득 담긴 종이 봉지 속에

까맣게 그슬린 겨울 이야기가
타다 만 내 마음처럼 웅크리고 있었네.

눈 위에 새겨보는 발자국

한 켜 두 켜 소복소복
쌓이는 눈 위에 새겨보는 발자국

행여 그대 날 찾지 못할까
발끝에 힘주어 또렷이 남겨보는 발자국

발자국 따라 그대 속히 오라
내리는 눈에 발자취 가뭇없이 사라져 버리기 전에

뽀드득거리는 발자국 소리 들으며
그대 어서 오라
눈 속에 내 마음 묻혀 버리기 전에

버진로드*처럼 깔린 하얀 숫눈길*
그대와 나 발맞춰 걸으며
눈처럼 많은 이야기꽃 피워 보자

가슴에 담아 둔 곱다란 정
하얗게 피워 보자.

* 버진로드(Virgin Road) : 결혼식에서 신랑신부가 입장할 때 걷는 길.
* 숫눈길 : 눈 쌓인 뒤 아무도 지나가지 않는 길.

잠이 오지 않는 밤엔
잠자던 생각들이 온다